Ausflug mit Lama-Drama

Lena Raubaum

Ernst Klett Sprachen
Stuttgart

1. Auflage 1 5 4 3 2 1 | 2024 23 22 21 20

Alle Drucke dieser Auflage sind unverändert und können im Unterricht nebeneinander verwendet werden.
Die letzte Zahl bezeichnet das Jahr des Druckes.
www.klett-sprachen.de

Autorin: Lena Raubaum

Redaktion: Benjamin Linhart
Konzeption: Benjamin Linhart
Layoutkonzeption: Sabine Kaufmann
Illustrationen: Grit Döhnel
Gestaltung und Satz: DOPPELPUNKT, Stuttgart
Umschlaggestaltung: Sabine Kaufmann
Druck und Bindung: AZ Druck und Datentechnik GmbH, Kempten/Allgäu

Printed in Germany

ISBN 978-3-12-674030-2

Inhalt

Auf dem Zeltplatz

die Lagerfeuerstelle
das Tipi

Ich heiße: Simon
So alt bin ich: 9
Das mag ich: Witze
Daran erkennt man mich:
Lachen und goldener Stein, den ich an einem schwarzen Lederband um den Hals trage

Ich heiße: Namika
So alt bin ich: 9
Das mag ich: Wenn mein Papa Geschichten erzählt.
Daran erkennt man mich: Muttermal über der Oberlippe

Perspektive 1
Simon

Lamas, wir kommen!

Ich bin aufgeregt – sehr aufgeregt.
Wir machen eine Reise.
Unsere Klasse fährt
für 3 Projekttage nach Kärnten.
Das ist ein Bundesland
im Süden von Österreich.
Dort besuchen wir einen Lama-Hof.
Ich war noch nie auf einem Lama-Hof.
Wie ist es da?

Ich kann es kaum erwarten.
Wir werden mit Lamas wandern.
Wir werden in großen Zelten schlafen.
Was für ein Abenteuer!

Ich freu mich so darauf.
Ich liebe es zu verreisen.
Ich liebe Projekttage.

Im Zug sitze ich mit Ronaldo, Katja,
Bekim, Shima, Emira und Namika.
Wir haben super Sitze
mit Tischen dazwischen.
Wir essen Brote.
Ronaldo schenkt mir sein Käsebrot.
Ich schenke ihm meine Schokolade.
Wir lachen und reden.
Namika sagt nichts.

Sie schaut die ganze Zeit
nur aus dem Fenster.
Was hat sie?

Ich erzähle Witze.
Namika lacht nicht mit.
Unsere Klassenlehrerin
Frau Heinrich sagt, wir sind zu laut.
Da bewegt Ronaldo nur noch
die Lippen – ohne Stimme.
Das finden alle lustig.

Namika steht auf. Sie muss aufs Klo. Als sie zurückkommt, sind ihre Augen traurig.

Am Bahnhof holt uns ein Bus ab. Ich setze mich neben Ronaldo in die letzte Reihe. Unsere Begleitlehrerin Frau Bilge hat wie immer ihre Gitarre dabei. Sie stimmt ein Lied an. Fast alle singen mit. Ronaldo singt falsch – mit Absicht. Eigentlich ist er ein guter Sänger.

Der Bus fährt viele Kurven.
Ich schaue nach vorne.
Sonst wird mir übel.
Ist das schon der Lama-Hof?
Ja! Wir sind da!

Ein Teppich und Wachbleiben

Ein Mann begrüßt uns.
Er heißt Hans-Georg.
Mann, ist der groß!
So groß! Vielleicht zwei Meter?
Er hat einen langen Hals.
Er hat lange Haare. Das finde ich cool!
Wo sind die Lamas?

Unsere Lehrerinnen zeigen uns,
wo wir schlafen.
Es gibt 2 Schlafsäle:
Einen für die Jungs
und einen für die Mädchen.
Ich suche mir das beste Bett aus.
Dann zeigt uns Hans-Georg die Lamas.
Endlich! Ich zähle sie. Es gibt 12 Lamas.
Sie sehen lustig aus.

Ich: Darf ich sie streicheln?
Hans-Georg: Gleich.
Ich will euch vorher
ein paar Dinge
über Lamas erzählen.

Ich höre Hans-Georg zu
und beobachte die Lamas.

Lamas sind Kamele.
Kleinkamele ohne Höcker.
Ihre Ohren sehen aus wie Bananen.
Dazu gibt es einen Spruch:
Lamas – Bananas

Ronaldo wiederholt den Spruch
und kichert.
Hans-Georg grinst.
Dann erzählt er uns noch mehr.

Lamas sind starke Lastentiere.
Sie können fast 40 Kilo tragen!
Lamas sind sehr schüchtern.
Sie fühlen viel. Und spüren viel.
Sie spüren, wie es jemandem geht.
Und sie brauchen eine Herde.
Alleine können sie nicht überleben.
Eine Lama-Herde wird
von einer Lama-Frau angeführt.

Ronaldo flüstert mir etwas zu.

Ronaldo: Das ist bei uns auch so!

Frau Heinrich hört es und schmunzelt.

Hans-Georg: Wofür sind denn
Lamas bekannt?
Ronaldo: Spucken!

Hans-Georg nickt lächelnd.
Er sagt uns,
dass Lamas nur spucken,
wenn sie Angst haben
oder gestresst sind.
Sonst nicht.

Shima lacht.

Shima: Das ist bei mir auch so.

Endlich dürfen wir die Lamas streicheln.
Das Fell ist rau und weich.
Das Fell ist dick und dicht.
Meine Hand versinkt im Fell
wie in einem Teppich.
Ich denke:
Ein Lama ist wie ein Teppich
auf 4 Beinen.

Hans-Georg sagt uns,
wie die Lamas heißen.
Ich will mir alle Namen merken:
Batman, Rama, Elsa, Nemo,
Caruso, Diego, Kuzco, Herbert,
Fin, Lala, Hermine und Emil.
Geschafft!

Das Abendessen schmeckt mir.
Es gibt Gemüsesuppe mit Brot.
Das Brot schmeckt anders als Zuhause.
Gut anders.
Hans-Georg hat es selbst gebacken.

Vor dem Schlafengehen liest uns
Hans-Georg eine Geschichte vor –
eine Lama-Geschichte.
Namika ist nicht da.
Frau Bilge wendet sich an uns.

Frau Bilge: Namika wollte ins Bett.
Sie hat Heimweh
und ist wieder
ein bisschen traurig.

Schade. Namika ist so oft traurig.
Sie tut mir leid.

Ich kann lange nicht einschlafen.
Ein paar Jungs schnarchen wie Sägen –
leise Sägen.
Deshalb bin ich aber nicht wach.
Ich denke nach:
Wie hilft man jemandem,
der Angst hat, traurig ist
und nach Hause will?

Hiergeblieben!

Zum Frühstück gibt es Brötchen mit Marmelade, dazu Kakao. Ich esse 4 Brötchen. Ronaldo ist nur 3. Gewonnen!

Nach dem Frühstück gehen wir los.

Hans-Georg: Nehmt nichts mit, das klimpert oder raschelt. Sonst erschrecken die Lamas.

Die Lamas tragen unsere Rucksäcke in großen Taschen auf dem Rücken. Hans-Georg fragt, wer ein Lama halten will. Ich hab das noch nie gemacht. Darum melde ich mich.

Hans-Georg erklärt uns,
was wir tun müssen.

Hans-Georg: Die Leine nicht
um die Hand wickeln.
Nur halten.
Geht immer ein Stück
vor dem Lama
und haltet Abstand
zum Lama vor euch.

Ich bin aufgeregt.
Ich darf Rama halten.

Ich: Wir schaffen das, Rama!

Eigentlich sage ich das auch zu mir.

Hans-Georg: Alles, Lama?
Alle: Alles Lama!

Los geht's.

Ich bin hinter Hans-Georg und Batman.
Batmans schwarzer Po wackelt
hin und her.
Wir alle sind gut gelaunt.
Niemand trödelt.
Niemand meckert.

Frau Heinrich will uns etwas
über Bäume erzählen.
Also halten wir kurz an.
Die Lamas grasen.
Plötzlich hebt Rama den Kopf.
Er rülpst – tief und laut.
Alle lachen – lang und laut.
Namika lacht mit. Das freut mich.
Danke, Batman.

Nach dem Lachen wird getauscht. Niemand will Rama halten. Also gehe ich mit ihm weiter durch den Wald auf einen Feldweg. Auf dem Weg entdecke ich einen Kronkorken. Ich kicke ihn weg. Mist! Das hätte ich nicht tun dürfen! Rama erschrickt. Er reißt sich los und trabt davon.

Ich rufe Hans-Georg. Er hält die Gruppe an.

Ich ärgere mich
über meinen Fehler, über mich.
Es war wirklich keine Absicht!
Ich erzähle Hans-Georg,
was passiert ist.
Er schimpft nicht.
Er schaut mich nur ruhig an.

Hans-Georg: Danke
für deine Ehrlichkeit.
Keine Sorge,
das kriegen wir hin!

Er schaut sich um.

Hans-Georg: Wer will mir helfen,
Rama zurückzuholen?

Da höre ich meine eigene Stimme.

Ich: Namika!
Namika kann das
bestimmt!

Alles Lama?

Alle sehen Namika an.
Namika sieht mich an.
Sie zögert.

Dann geht sie mit Hans-Georg
durch das hohe Gras zu Rama.
Wir warten – wie Statuen.

Wir beobachten Hans-Georg
und Namika.
Sie bewegen sich langsam,
vorsichtig, wie in Zeitlupe.
Sie breiten die Arme aus.
Ob sie es schaffen?

Es gelingt. Tatsächlich!
Hans-Georg und Namika
fangen Rama ein.

Sie kommen zurück.
Namikas Augen leuchten.
Wir wollen applaudieren.

Hans-Georg: Lieber nicht!
Sonst laufen
alle Lamas davon.

Ronaldo weiß was.
Er jubelt ohne Stimme los
und schüttelt seine Hände
über dem Kopf –
wie ein Fußballer im Fernsehen
ohne Ton.
Wir alle machen mit.
Namika grinst
von einem Ohr zum anderen.

Gut gelaunt gehen wir weiter.
Da tauchen in der Ferne
unsere Zelte auf.

Es bleibt ein Geheimnis

Ich habe noch nie
so einen tollen Platz gesehen!
Da ist eine große Wiese
mit 2 riesigen Zelten. Die heißen Tipis.
In denen schlafen wir heute Nacht
auf Lama-Fellen.

Auf der Wiese ist auch Platz
für ein Lagerfeuer! Und 2 Fußballtore!
Und ein Spielplatz! Und ein Gehege
für die Lamas! Wir sind im Paradies!

Wir spielen den ganzen Nachmittag.
Beim Fußball setzt Ronaldo aus.
Er kann nämlich alles –
nur nicht Fußballspielen.
Dann spielen wir Weitspucken.
Danach hat Frau Bilge
noch ein Lama-Quiz für uns.

Am Abend sitzen wir im Kreis um das Lagerfeuer. Hans-Georg erzählt uns Geschichten. Wir grillen Würstchen. Wir machen Stockbrot. Dafür wickelt man Teig um die Spitze von einem Stock. Dann hält man den Stock über das Feuer. Lecker ist das!

Als es kurz still ist, hören wir die Lamas. Sie summen. So unterhalten sie sich. Weil die Lamas summen, summen auch wir. Vom Summen kommen wir zum Singen. Frau Bilge spielt begeistert ihre Gitarre – wie ein Rockstar.

Nach dem Lied applaudieren alle.
Da stehe ich auf und schlage vor,
dass wir alle noch einmal
für Namika jubeln.
Alle machen mit. Das gefällt mir.
Namika auch. Sie strahlt.

Schließlich ist es Zeit,
ins Bett zu gehen.
Frau Heinrich schickt uns
zu den Zelten.
Als wir zu unseren Tipis gehen,
fängt mich Namika ab.

Namika: Warum wusstest du,
dass ich Rama
einfangen kann?

Ich: Weil du mutiger bist,
als du glaubst.

Ich lache und mache kurz
den lautlosen Applaus
von Ronaldo nach.
Dann muss ich Namika
noch etwas Wichtiges sagen.

Ich: Weißt du, ich hatte früher
auch viel Angst.
Und manchmal bin ich
immer noch ängstlich.
Ich habe mich nicht getraut,
vor vielen Menschen
zu sprechen.
Aber meine Nachbarin Liah
hat mir geholfen,
mutiger zu werden.

	Liah hat vorgeschlagen, ich solle Witze erzählen. Das hat mir geholfen. Vielleicht kannst du auch mal jemandem helfen, mutiger zu werden.
Namika:	Glaubst du wirklich?
Ich:	Sicher. Mit Mut kennen sich vor allem die aus, die Angst haben.

Namika lächelt.

Ich:	Wie wär's, wenn das unser Geheimnis bleibt?

Namika sagt nichts.
Sie lächelt nur
und legt ihren Zeigefinger
an die Lippen.

Auf Wiederlama!

Am nächsten Morgen steige ich
aus dem Tipi.
Die Wiese ist etwas nass.
Die Luft ist frisch und kühl.
Es ist so schön hier!

Zum Frühstück gibt es
wieder Brötchen und Kakao.
Diesmal gewinnt Ronaldo.
Danach packen wir zusammen
und gehen zurück zum Lama-Hof.

Leider müssen wir nach Hause fahren.
Der Bus holt uns ab
und bringt uns zum Bahnhof.
Wir steigen in den Zug
und sitzen wieder auf Sitzen
mit Tischen dazwischen.

Ich blicke aus dem Fenster.

Die Landschaft saust an uns vorbei.
Oh, 3 Kühe!

Es ist wirklich schade,
dass wir schon nach Hause fahren.
Es war echt super auf dem Lama-Hof!

In den letzten Tagen ist so viel passiert.
Durch meinen Kopf sausen
so viele Bilder und Erinnerungen.
Namika sieht jetzt anders aus.
Viel fröhlicher. Ich freue mich.

Ob ich Rama und die anderen Lamas
einmal wiedersehe?
Die waren so lustig.
Ich muss meinen Eltern
unbedingt erzählen,
dass die gar nicht so viel spucken.

Moment. Spucke!
Da fällt mir ein Witz ein.
Den will ich gleich
den anderen erzählen!

Perspektive 2
Namika

Zugfahrt mit Kloß im Hals

Wiese. Wiese. Wiese. Feld.
Feld. Feld. Feld. Sträucher.

Die Landschaft rast am Zugfenster vorbei. Als ob sie jemand auf einem riesigen Bildschirm zur Seite wischen würde. Im Fensterglas spiegeln sich Ronaldo, Katja und Bekim, Shima, Emira und Simon. Sie lachen, reden, essen Brote, tauschen Süßigkeiten aus. Der Geruch von Käse, Wurst und Schokolade liegt in der Luft. Mir ist nicht nach Lachen und nicht nach Reden zumute. Hunger habe ich schon gar nicht.

„Okay, Leute! Kennt ihr den schon?“, ruft Simon. „Was liegt am Strand und spricht undeutlich?“
„Sag schon!“, drängt Shima.
„Eine Nuschel!“

Simon kringelt sich vor Lachen und steckt die anderen damit an.

Unsere Klassenlehrerin Frau Heinrich steht von ihrem Sitz auf und kommt zu uns. „Ihr Lieben, bitte etwas leiser, ja? Es sitzen doch auch andere Leute im Zug."

Ronaldo bewegt stimmlos die Lippen und tut so, als ob er sprechen würde.

„Ooooh! Ronaldo ist auf lautlos gestellt!“, kichert Simon.

Wieder prusten alle los.

Wiese. Wiese. Wiese. Kühe.

Wir sind auf dem Weg nach Kärnten. Das ist ein Bundesland im Süden von Österreich. Dort verbringen wir drei Projekttage auf einem Art Bauernhof. Wir werden mit Lamas wandern und sogar eine Nacht in einem großen Indianerzelt übernachten.

Papa hat gesagt: „Das wird super, Pyari[1]! Da hast du sicher Spaß! Lamas sind toll.“

Nichts ist super. Ich habe keinen Spaß. Was ist so toll an Lamas?

---

1 *pyari* spricht man aus wie „pjaari“. Es heißt in der Sprache Hindi soviel wie „mein Liebes, mein Schatz“.

Mit meinem Handy könnte ich mich jetzt ablenken. Aber wir sollten unsere Handys zu Hause lassen. Was für eine blöde Idee! Wie lange fahren wir noch?

Wiese. Wiese. Wiese. Berge.

Österreich hat wirklich viele Berge. Weit kann man in diesem Land nicht sehen. Die Sicht wird immer gleich von Bergen verstellt. Ich denke an die Berge zu Hause. Da spüre ich einen Kloß in meinem Hals. Gleich kommen mir die Tränen. Mist!

„Darf ich raus?“, bitte ich Emira schnell, „ich muss aufs Klo.“

Der Zug fährt unruhig, ich wackle zum Klo. Dort bleibe ich, bis der Kloß weg ist.

Am Bahnhof holt uns ein Bus ab. Wir steigen alle ein.

Frau Heinrich sitzt ganz vorn, klopft auf den Platz links von ihr und sagt: „Komm, setz dich zu mir, Namika!“.

Weiß sie, dass es mir wieder nicht gut geht? Irgendwie hat sie unsichtbare Antennen. Sie spürt immer, wenn es jemandem von uns schlecht geht.

Unsere Begleitlehrerin Frau Bilge packt ihre Gitarre aus. Die hat sie immer dabei. Sie stimmt ein Lied an. Fast alle singen mit. Irgendwer singt nicht ganz richtig. Ich höre nur zu. Ich kann den Text nicht.

Der Bus fährt eine kurvige Straße entlang, die sich wie eine Schlange den Berg hinaufwindet. Ich blicke ins Tal. Die Häuser werden immer kleiner und kleiner und kleiner. Mir wird mulmig im Bauch, meine Ohren sind verschlagen. Wie lange fahren wir noch?

Grüne Luft und ein Lama-Pirat

Wir sind da. Frischluft, endlich! Es riecht irgendwie grün hier. Ist grün ein Geruch?

Ein Mann kommt auf uns zu. Er lächelt und winkt. Er ist groß, hat freundliche Augen und einen langen Hals. Seine gelockten braunen Haare berühren seine Schultern. Er trägt eine schwarze Latzhose und lila Stiefel. Sein Name ist Hans-Georg. Er gibt jedem die Hand und fragt nach dem Namen. Seine Hand ist rau. Der Händedruck ist angenehm.

„Ich bin der Hans-Georg“, sagt er zu jedem. „Schön, dass du da bist! Willkommen auf dem Lama-Hof.“

Das „Schön-dass-du-da-bist“ von Hans-Georg klingt ehrlich. Er spricht ruhig und ein Deutsch mit Dialekt. Deutsch kann so unterschiedlich sein.

Wir bringen unser Gepäck ins Haus. Unsere Lehrerinnen zeigen uns den Schlafsaal für die Jungs und den für die Mädchen. Bettenlager! Das wird ja immer besser. Ob ich da schlafen kann? Mit so vielen Mädchen in einem Raum? Alle anderen suchen sich schnell ein Bett aus. Ich bekomme das, das übrigbleibt.

Wir treffen uns wieder vor dem Haus. Hans-Georg stapft mit uns hinter das große Gebäude und da sehen wir sie: zwölf Lamas, die auf einer großen Wiese grasen.

Als wir auf die Lamas zugehen, heben sie die Köpfe und glotzen uns an. Seltsam sehen sie aus – mit dem langen Hals, dem kleinen Kopf und den großen Ohren. Sie kauen so, als ob sie riesige Kaugummis im Maul hätten. Sie kauen, kauen und schauen.

Hans-Georg erzählt uns alles Mögliche über Lamas. Dass sie aus Südamerika sind. Dass sie Lastentiere und keine Reittiere sind. Dass sie nur spucken, wenn sie sauer sind. Dass ihre Ohren die Form von Bananen haben, und dass man sich das mit dem Spruch *Lamas-Bananas* merken kann. Und er sagt, dass Lamas sehr feinfühlige und schüchterne Tiere wären. Außerdem stellt uns Hans-Georg die Lamas vor. Das ganz schwarze Lama heißt Batman. Das Lama namens Rama mag ich auch. Den Namen kenne ich.

Ich trete näher an den Zaun, betrachte Rama genauer. Sein Fell ist weiß-grau und zottelig. Über dem rechten Auge hat er einen schwarzen Fleck. Er sieht aus wie ein Pirat. Ein Rama-Lama-Pirat.

„Der Rama ist unser Herr Ängstlich“, erklärt Hans-Georg. „Der ist mutiger als er glaubt. Und ängstlich zu sein ist ja nicht schlimm. Und die liebe Elsa da drüben“, Hans-Georg zeigt zu einer braunen Lama-Dame, „ist unsere Tänzerin. Die tänzelt manchmal den ganzen Tag über die Weide. Und dort ist Nemo, der versteckt sich gern und dann muss ich ihn immer finden!“

Hans-Georg könnte stundenlang über seine Herde erzählen. Wie gut er sie kennt! Und was hat er gesagt? Ängstlich zu sein ist ja nicht schlimm? Hat der eine Ahnung …

Er erlaubt uns, dass wir die Lamas streicheln dürfen. Soll ich? Oder lieber nicht? Ich trete noch näher an den Zaun und als Rama mir seinen Kopf entgegenstreckt, strecke ich doch die Hand nach ihm aus. Sein Fell ist an manchen Stellen rau, an manchen weicher. Es ist so dick, dass meine Hand darin versinkt.

Vor dem Abendessen rufe ich Papa mit Frau Heinrichs Handy an.

„Wie geht's, Pyari? Hat dich schon ein Lama angespuckt?" Als ich Papas Stimme höre, kommt wieder der Kloß im Hals. Ich schlucke den Kloß hinunter und erkläre Papa, dass Lamas nicht immer spucken. Er soll auch etwas lernen.

Nach dem Telefonat gehe ich zum Abendessen. Ich habe keinen großen Hunger und will lieber ins Bett.

„Bleib doch, Namika!" will mich Frau Bilge überreden. „Hans-Georg liest euch noch eine tolle Lama-Gute-Nacht-Geschichte vor!"

Sie kann mich nicht überreden.

Im Schlafsaal höre ich dumpf die Stimmen der anderen. Sie scheinen Spaß zu haben. Soll ich doch noch einmal aufstehen? Lieber nicht. Die anderen lachen mich sonst aus.

Ein Rülpser und ein Lama-Drama

Nach dem Frühstück machen wir uns bereit für die Wanderung. Die Lamas haben große Taschen auf dem Rücken, in denen unsere Rucksäcke sind. „Nehmt nichts mit, das klimpert oder raschelt“, hat uns Hans-Georg gebeten. „Die Lama-Ohren sind sehr gut und jegliches Geklimper und Geraschel erschreckt sie.“

Hans-Georg fragt uns, wer llamero oder llamera[2] sein will. Llamero ist ein Lamaführer, Llamera ist eine Lamaführerin.

Soll ich mich melden? Ich habe das noch nie gemacht. Was, wenn ich es falsch mache? Ich überlege zu lange … Alle Lamas sind vergeben. Wir sind bereit. Es geht los.

---

2 Das spricht man „Ljamero“ oder „Ljamera“ aus.

„Alles Lama, liebe Herde?“, ruft uns Hans-Georg aufmunternd zu.
„Alles Lama!“, ruft die Klasse und los geht’s.

Ich trotte am Ende der Truppe neben Frau Bilge. „Komm, Namika. Wir beide gehen ganz hinten. Das ist auch vorne. Nur andersrum.“

Ich habe den Kopf Richtung Boden gesenkt, sehe meinen Füßen beim Gehen zu. Frau Heinrich hat gesagt, wir sind so drei Stunden unterwegs. Das ist lang.

„Kopf hoch, Namika. Dann siehst du mehr!“, sagt Frau Bilge.

Da hält die Herde plötzlich an. Frau Heinrich will uns irgendetwas über den Wald erzählen. Die Lamas grasen inzwischen. Plötzlich wird unser Zuhören von einem Rülpser unterbrochen – einem röhrenden, tiefen Rülpser. Alle sind verdutzt, doch dann lachen wir los.

Hans-Georg tut so, als ob er ganz ernst ist, aber er schmunzelt. „Rama! Wo sind deine Manieren? Bitte benimm dich, hier sind doch Kinder!“

Johlen und Kichern erfüllen den Wald. Ich lache mit. Das tut gut. Sehr gut.

Bevor wir weitergehen, schlägt Hans-Georg vor, dass nun andere Kinder die Lamas halten dürfen. Ich nehme all meinen Mut zusammen und … traue mich wieder nicht.

Emira kommt auf mich zu und reicht mir das Ende einer Leine und schlägt vor, dass wir Elsa einfach gemeinsam halten. Ich bin froh, dass sie das vorschlägt. Ich mag Emira. Vielleicht werden wir Freundinnen?

„Weißt du“, sagt Emira, „eigentlich verstehe ich dieses Wandern nicht. Wozu einen Berg hinaufgehen, wenn man ihn wieder hinuntergeht? Aber das mit den Lamas ist super.“

Wir verlassen den Wald, erreichen einen Feldweg. Ich schmunzle, weil ich noch einmal an den Rülpser denke, doch da werden meinen Gedanken unterbrochen. Eines der Lamas reißt sich los. Rama! Er trabt durch die hohen Grashalme davon, kommt in einer paar Metern Entfernung zum Stehen. Simon, der ihn an der Leine geführt hatte, ruft nach Hans-Georg und dieser hält mit einem Kommando die Gruppe an.

Alle kommen näher zusammen. Was ist passiert?

Ganz betreten gesteht Simon, dass er einen Kronkorken, der am Weg lag, weggekickt hat. „Er ist auf einem Stein gelandet und das hat so geklimpert … Es war ein Reflex. Tut mir echt leid! Wirklich!"

Ich finde es mutig von Simon, dass er seinen Fehler gleich zugibt. Hans-Georg legt ihm die Hand auf die Schulter und sieht ihn mit seinen freundlichen Augen ruhig an. Dann flüstert er ihm etwas zu, das niemand von uns versteht.

Hans-Georg blickt durch die Runde. „Na gut … wer hilft mir denn jetzt, Rama zurückzuholen?"
Niemand meldet sich. Da höre ich Simons Stimme: „Namika! Namika schafft das bestimmt!"

Ich zucke zusammen, alle starren mich an. Was hat Simon gerade gesagt?

Herzklopfen und stiller Jubel

„Kommst du, Namika?“ Hans-Georg hält mir die Hand hin. Ich weiß nicht warum, aber mein Kopf nickt. Ich weiß nicht warum, aber mein Körper setzt sich in Bewegung. Ich gehe gemeinsam mit Hans-Georg los. Mein Herz klopft, meine Haut kribbelt. Ob ich das schaffe? Ob wir Rama wirklich einfangen können? Mit ausgebreiteten Armen gehen wir auf Rama zu. Ruhig, geduldig, langsam.

„Blaaaiiib …, blaaaaiiib …“ Die Stimme von Hans-Georg ist ganz ruhig. Ich spüre, dass Rama unsicher ist und Angst hat. Ich kenne das Gefühl nur zu gut. Ramas dunkle Augen blicken abwechselnd mich, Hans-Georg, mich, Hans-Georg an. Hans-Georg bleibt stehen, ich ebenfalls. Wir warten.

Ich spüre die Blicke der Klassen-Herde in meinem Rücken. Dann machen wir wieder einen Schritt auf Rama zu und warten wieder. Schließlich ist es Rama, der einen Schritt auf uns zumacht. Hans-Georg nimmt wie in Zeitlupe Ramas Leine.

„Danke, Namika! Du hast mir echt geholfen. Gut hast du das gemacht. Richtig gut. Super, wie ruhig du bleiben konntest.“ Hans-Georg gibt mir die Leine von Rama und ich, ich leuchte. In meinem Brustkorb scheinen Millionen von Glühwürmchen zu fliegen, als wir zu den anderen zurückgehen.
Gerade als alle applaudieren wollen, bittet uns Hans-Georg nicht zu klatschen oder zu jubeln. Damit nicht alle Lamas davonlaufen.

„Dann machen wir einfach so!“, ruft Ronaldo, jubelt stimmlos und schüttelt seine Hände über dem Kopf. Die Kinder-Herde stimmt mit ein. Das sieht zu komisch aus. Ich kann mir das Grinsen nicht verkneifen. Ich war schon lange nicht mehr so glücklich und so stolz auf mich!

Lange ist der Weg nicht mehr. In der Ferne sehen wir bereits die Spitzen der Indianerzelte und ein paar Fuß- und Huf-Schritte später ist es geschafft. Wir haben unser Ziel erreicht.

Simons Geheimnis

Vor uns liegt eine große Wiese mit zwei Tipis, so werden die Indianerzelte genannt. Eine Lagerfeuerstelle ist auch da und ein Gehege, in das wir die Lamas bringen. Schön ist es hier. Wunderwunderschön.

Den Nachmittag verbringen wir spielend. Zuerst Fußball. Ronaldo bleibt am Rand sitzen. Er schaut lieber zu, sagt er. Meine Mannschaft gewinnt und schon wieder sind da Glühwürmchen im Brustkorb. Nach dem Fußball schlägt uns Hans-Georg vor, gemeinsam einen Rekord im Weitspucken aufzustellen. Wir alle spucken Kirschkerne nacheinander und dann werden die Spuck-Erfolge zusammengezählt.
Zuerst schaffen wir gemeinsam 25,2 Meter. Dann 24,5 Meter und dann sogar ganze 28,8 Meter!

Zum Schluss hat Frau Bilge noch ein Quiz vorbereitet. Ein Quiz über Lamas natürlich. Ich fülle den Fragebogen gemeinsam mit Emira aus. Wir bekommen alle Punkte und zur Belohnung eine gehäkelte Lama-Fingerpuppe.

Als die Sonne langsam untergeht, zündet Hans-Georg ein Lagerfeuer an. Wer will, darf ihm helfen. Ich will. Abends sitzt die ganze Kinder-Herde um die tanzenden Flammen. Wir grillen Würstchen und machen Stockbrot.

Hans-Georg erzählt Geschichten. Davon, wie Elsa auf die Welt kam. Wie Lamas geschoren werden. Wie es dazu kam, dass er Llamero wurde. Als es kurz still ist, hören wir aus der Ferne die Lamas. Das klingt wie eine Art Summen. So unterhalten sie sich.

Frau Bilge holt wieder ihre Gitarre hervor und ruft: „Also ich glaube, die wollen, dass wir was singen!“

Bevor wir mit dem Lied beginnen, summen auch wir. Ich mache mit. Beim Summen kann ich den Text.

Nach dem Lied wird applaudiert und plötzlich steht Simon auf: „Liebe Herde! Bitte erhebt eure Getränkeflaschen auf Namika, die Lama-Heldin!“

Alle heben die Flaschen hoch, jubeln hörbar los und ich, ich bekomme vor Glück Tränen in die Augen.

Kurz bevor wir schlafen gehen müssen, passe ich Simon vor dem Zelt hab. Ich will ihn dringend etwas fragen.

„Wieso wusstest du, dass ich Rama zurückholen kann?“

Er zuckt mit den Schultern, blickt kurz zu Boden.

„Weil du mutiger bist, als du glaubst!“

Dann lacht er und macht noch einmal den stimmlosen Jubel von Ronaldo nach. Mir fehlen meine Worte.

Und dann, dann verrät er mir noch etwas. Das soll ich aber niemandem erzählen. Also tu ich das auch nicht.
Der ganze Tag hat mir lauter gute Erinnerungen geschenkt, die ich so bald nicht vergessen werde.

Ich mag gute Erinnerungen. Sie sind wie Schokolade für den Kopf. So glücklich war ich wirklich schon lange nicht mehr. Ich fühle mich mutiger. Und ich hab das Gefühl, dass ich jetzt viel mehr Teil dieser Klasse bin. Viel mehr Teil dieser Herde. Das tut gut.

Ich weiß nicht genau, wann ich eingeschlafen bin. Aber ich bin sicher, dass ich dabei gelächelt habe.

Auf Wiederlama!

Am nächsten Tag geht es wieder zurück. Zurück nach Hause. Wir nehmen Abschied von den Tipis und wandern gemeinsam Richtung Bauernhof. Auch heute wärmt uns die Sonne und mir fällt noch einmal auf, wie schön es hier ist. Ich erkenne Bergspitzen, grüne Hügel, einen Fluss, der in der Sonne glitzert. Unendlich weit ist die Aussicht. Aha, in diesem Land kann man also doch weit sehen. Manche von uns wollen nicht nach Hause fahren. Ich freu mich schon auf meinen Papa und meine Schwestern. Ich habe ihnen doch so viel zu erzählen!

Beim Bauernhof holt uns wieder der Bus ab. Emira setzt sich neben mich.

„Alles Lama, Herde?", ruft Frau Heinrich. „Alles Lama!", rufen wir und der Bus fährt ab.

Durch die Fenster winken wir Hans-Georg, der uns „Auf Wiedersehen“ und „Auf Wiederlama“ hinterherruft.

Wir fahren den Berg hinunter, die Häuser im Tal werden größer und größer und größer.

Im Zug sitzen wir wieder auf den Sitzen mit den Tischen dazwischen. Jetzt mampfen wir alle unsere Brote. Ich fühle mich wohl.

„Okay, Leute! Kennt ihr den schon?“, ruft Simon im Zug, während wir unsere Brote mampfen. „Was sagt ein Lama, wenn es staunt?“

Ronaldo grinst und zuckt mit den Schultern.

„Jetzt sag schon, Simon!“, dränge ich.
„Da bleibt mir doch glatt die Spucke weg!“

Simon kringelt sich vor Lachen und wir alle lachen mit. Und ich, ich lache am lautesten.

Weitere Titel der Reihe Lesen mal 2:
Chaos im Museum
Der doppelte Leo

Weitere Infos:
www.klett-sprachen.de/lesenmal2